LUJO BRENTANO

Lo que ha pagado Alemania

Prestaciones efectuadas hasta la fecha en cumplimiento del Tratado de Versalles

Berlin y Leipzig 1923

WALTER DE GRUYTER Y COMPANIA

antes Editorial G. J. Goeschen — Editorial J. Guttentag
Georg Reimer — Karl J. Trübner — Veit y compañía

Prefacio del autor.

Por las preguntas que repetidamente se me han dirigido de Inglaterra, América y Francia, he podido darme cuenta del desconocimiento que en dichos paises existe, en cuanto a las prestaciones que, a título de reparaciones, han sido ya, de hecho, llevadas a cabo por Alemania. He llegado a recibir cartas en las cuales se me pregunta si, en efecto, es cierto que Alemania no ha pagado nada todavía. Es éste un error que los discursos demagógicos de Poincaré, difundidos por la prensa de todos los paises, contribuyen constantemente a extender. Por estas razones acepté con sumo gusto la invitación que se me hizo de dar a la publicidad una relación de los pagos y entregas que, a título de reparaciones, Alemania lleva ya efectuados. Creo poder responder de la exactitud de los datos que a continuación se indican.

Prien (Chiemsee), 20 de setiembre de 1923.

Lujo Brentano,
Catedrático de la Universidad de Munich.

Prestaciones efectuadas hasta la fecha por Alemania en cumplimiento del Tratado de Versalles.

La pretensión de que Alemania apenas si ha pagado nada hasta la fecha es, como todo el munde sabe, entre el arsenal de armas de los enemigos de Alemania, una de las preferidas. El señor Poincaré, en particular, no pierde ocasión, desde hace casi dos años, de afirmar, con indignación perfectamente fingida, que Alemania ha pagado hasta hoy poco menos que nada y procura, además, eludir, por todos los medios, sus compromisos. A esto hay que contestar preguntando si cabe interpretar como un indicio de mala voluntad el hecho de que desde setiembre de 1919 hasta 11 de enero de 1923, día por día, un tren de 50 vagones pasara la frontera alemana, cada 15 minutos para ir a suministrar carbón,*) sin compensación alguna, a la industria de Francia, Bélgica e Italia.

Pero estas entregas de carbón, que ascienden en números redondos a 54 000 000 de toneladas, con un valor de 2424 millones de marcos oro, no son más que una parte insignificante del enorme tributo pagado por Alemania a sus antiguos enemigos desde que se firmó el Armisticio hasta el 31 de diciembre de 1922.

Este tributo satisfecho por Alemania en el curso del periodo citado ha dado lugar a las siguientes estimaciones:

1. Según las declaraciones oficiales de la Comisión de Reparaciones . . . . 7,940 426 Mill. de marcos oro.
2. Según cálculo del Profesor Gide, economista francés, alrededor de . . . . 14 Mill. de marcos oro.
3. Según cálculo de Mr. Charles H. Grasty,**) corresponsal en Europa del „New York Times“ . . . . 15,4 Mill. de marcos oro.

---

*) Se incluye en esta cifra el carbón transportado a los estados acreedores por vía de agua.

**) Mr. Grasty reconoce que algunas partidas, especialmente de prestaciones en especies, pueden ser estimadas a un mayor valor y hace notar que en ellas no están incluídos ni los cables submarinos ni las colonias. Además agrega: „Creo que nadie que conozca la actuación y datos de la Comisión de Reparaciones, tales como los hemos citado, puede aceptar la doctrina de que Alemania ha salido ilesa de la guerra y con éxito está evitando pagar. Tales afirmaciones se hacen para mantener viva la animosidad contra Alemania y evitar que se forme una atmósfera de opinión pública razonable y justa que obligue a un arreglo equitativo.“ (Véase el „New York Times“ del 15 de abril de 1923.)

4. Según cálculos del „Institut of economics" en su obra: „Germany's capacity to pay" . . . . 25,8 Mill. de marcos oro.

Además el Instituto claramente expresa que pueden hacerse con justificación estimaciones más altas.

5. Según cálculos del Gobierno alemán hechos a base de los últimos datos (véase el „Resumen" final) . . . 41,6 Mill. de marcos oro.

Estas cifras — sin tener en cuenta los cambios en el valor intrínseco del oro — equivalen a:

1. diez veces la indemnización de guerra que Francia pagó a Alemania en 1871 a 1873,
2. casi veinte veces el conjunto de la producción anual de carbón de Alemania antes de la guerra,
3. mas de catorce veces la producción anual de carbón de piedra y de lignito de la Gran Bretaña antes de la guerra,
4. más de seis veces el valor de las importaciones de Francia en 1913,
5. más de cuatro veces la exportación, en tiempo de paz, de Alemania. de Inglaterra o de Norteamérica,
6. cuatro veces el total del encaje oro de los Bancos Centrales de Emisión de Europa al principio de 1914,
7. casi el conjunto de la producción mundial de oro durante los años de 1901 a 1920.

En estas cifras calculadas por el Gobierno alemán sólo están incluídas las prestaciones que, según el Tratado de Versalles, deben ser abonadas en la cuenta de reparaciones. No han sido tenidas en cuenta otras prestaciones, cuyo valor asciende a 14 300 millones de marcos oro y que significan para la economía alemana un gravamen igualmente penoso que el de las prestaciones abonables en la cuenta de reparaciones (véase el „Resumen" final). Asi pues, el valor total de los prestaciones realizadas por la economía alemana durante los cuatro años posteriores a la guerra asciende, en números redondos, a la suma de 55 900 millones de marcos oro.

En esta cifra no se han tenido en cuenta las pérdidas sufridas por Alemania tanto a causa de la cesión de las propiedades del Estado Federal y de los Estados Federados en Alsacia, Lorena y en las colonias alemanas, como por el hecho mismo de la pérdida de estos territorios y de los demás que fueron arrebatados a Alemania. Estos perjuicios representan, asimismo, sumas formidables, pero a pesar de los grandes perjuicios económicos que le ha causado la invasión del Ruhr, hasta el 11 de agosto de 1923 Alemania siguió cumpliendo sus compromisos con respecto a los Estados que no participaron en la invasión, hasta el extremo de agotarse económicamente como lo prueba el hecho de que el cambio de la moneda alemana había descendido ya en dicha fecha a 7 millones por dollar.

Alemania ha realizado durante este periodo prestaciones que ascienden hasta ahora a 255 millones de marcos oro en números redondos, y ha firmado contratos

---

*) Incluídos en esta cifra figuran 127 millones de marcos oro pagados o a pagar, dentro de breve plazo, a Inglaterra en concepto de derechos de exportación.

de entregas en especies por una suma aproximada.*) Si ahora Alemania se ve obligada a suspender las prestaciones en especies a que la obliga el Tratado, mientras trata de estabilizar en cierta medida la moneda nacional con las más enérgicas medidas, no es posible que nadie que juzgue con criterio imparcial pueda poner por ello en duda la buena voluntad que la anima de cumplir sus compromisos. En la acción franco-belga — contraria al Tratado de Versalles y encaminada a aprovecharse de la bancarrota de Alemania en perjuicio de los demás acreedores —, reside la causa de que éstos nada puedan cobrar durante algún tiempo.

Tributo tan formidable como el que, obligada por el Tratado de Versalles, Alemania ha tenido que hacer efectivo en cuatro años, no tiene precedentes en la Historia Universal, ni en sus proporciones ni en la medida en que ha sido cumplido. El ejemplo, con tanta satisfacción citado por los franceses, de la indemnización de guerra que Francia pagó a Alemania de 1871 a 1873, no hace más que dar mayor relieve al esfuerzo llevado a cabo por Alemania. Las importantes existencias de metales preciosos en Francia, cuyo valor ascendía en conjunto a 5 000 millones de francos, unidas a la favorable circunstancia de poder alimentarse el país totalmente con los productos del propio suelo, contribuyeron a evitar la depreciación del franco, a pesar del aumento de la circulación fiduciaria, que de 1470 millones de francos al estallar la guerra había pasado a 3 000 millones al terminar de pagar la indemnización. Esta fué satisfecha, además, con el producto de empréstitos interiores y exteriores. Resultó posible evitar tanto el sacrificio directo de una parte de las fortunas particulares como un gravamen excesivo de las mismas.*) En 3 años, con el franco casi a la par y el crédito intacto, en parte con ayuda del extranjero, y en parte también con empréstitos colocados en la misma Alemania, Francia pago 4 000 millones de marcos oro. Independientemente del factor de las reservas materiales de que disponía, el hecho que facilitó a Francia el pago rápido de dicha suma fué que, al revés de lo que a Alemania le ocurre actualmente, desde el día mismo en que quedó firmado el Tratado de Paz se supo la carga

---

*) Véase el apartado 39 de la Nota dirigida por el Gobierno inglés a los Gobiernos francés y belga, el 11 de agosto de 1923, que dice:

„39. Cabe además hacer resaltar que después de la corta campaña de 1870 a 1871, el pago de una indemnización de cuatro mil millones de marcos oro — de los cuales una parte podía ser cubierta en oro inmediatamente, siendo abonado además el valor de las propiedades en las regiones cedidas, en forma que Francia no se vió, en realidad, obligada a hacer otros gastos en efectivo que los necesarios para pagar a los súbditos franceses expropiados — no es comparable a la imposición de una exigencia treinta y tres veces superior, a un país financieramente agotado por cuatro años de guerra y de bloqueo. La rapidez con que en 1871 pudo ser pagada la indemnización impuesta hay que atribuirla en gran parte a las facilidades de crédito que Francia pudo conseguir. Alemania se ha visto, por el contrario, en la imposibilidad de contratar empréstitos en el extranjero, hecho que debe ser especialmente atribuido a la prolongación del período que se dejó transcurrir sin determinar la deuda de reparaciones y a la inseguridad que en el mundo prevalece sobre la capacidad de Alemania para hacer frente a sus compromisos. Aun cuando el gobierno de Su Majestad no está en modo alguno satisfecho de las prestaciones llevadas a cabo por Alemania, es sin embargo de justicia hacer observar que ésta ha pagado de hecho, a título de reparaciones y para el sostenimiento de los ejércitos de ocupación, más del doble de la suma exigida de Francia en 1871, a lo cual hay que añadir todavía otras sumas considerables satisfechas por compensaciones a los súbditos aliados perjudicados por la guerra y por otras diversas obligaciones derivadas del Tratado.“

que pesaba sobre la economía francesa, ya que, como es sabido, Alemania fijó inmediata y claramente la cifra de la indemnización. Tomando en cuenta sólamente las prestaciones abonables en la cuenta de reparaciones, Alemania en el curso de cuatro años, sin ayuda alguna del extranjero, ha pagado el enorme tributo de 41,6 mil millones de marcos oro y su moneda había descendido de la mitad a la dosmilésima parte en 31 de diciembre de 1922.

Las prestaciones de Alemania a los Aliados en cumplimiento del Tratado de Versalles son de naturaleza excesivamente variada. Además de los pagos en efectivo ha tenido lugar la entrega de bienes y mercancías de diversas clases, como por ejemplo carbón, madera, buques y material ferroviario.

Tiene un valor práctico indiscutible el hacer un resumen de las diversas prestaciones llevadas a cabo, precisamente por el hecho de ser contradictorias las apreciaciones sobre el valor de las mismas.

Las cifras indicadas a continuación se fundan en cálculos minuciosos y han sido sometidas en cada caso a una exacta comprobación. Los errores de cálculo que hubieron podido deslizarse en anteriores estimaciones han sido debidamente rectificados.

I. Normas para la consideración y estimación de los pagos.

La estimación de bienes es un problema sumamente difícil. Si en la simple evaluación de una pequeña propiedad rural difieren con frecuencia notablemente las opiones de los varios peritos, es natural que las dificultades aumenten a medida que aumenta el valor de los bienes que es preciso tasar. Es muy comprensible, por lo tanto, que sean grandes las dificultades para el justiprecio de las prestaciones hechas por Alemania, que indudablemente constituyen el mayor y más complicado traspaso de propiedad que jamás un país haya hecho a otro. Esas dificultades no pueden de ningun modo considerarse todavía como vencidas.

Como base para la estimación de las prestaciones alemanas se ha tomado el valor intrínseco. En realidad el perjuicio que la economía alemana ha sufrido al tener que efectuar estas prestaciones sin compensación es en muchos casos mucho mayor. Así por ejemplo, la pérdida de la marina mercante no sólo significa la del valor intrínseco de la misma, sinó que hay que tener en cuenta los perjuicios que a toda la economía alemana se irrogan por el hecho de no poder seguir contando con los servicios de una marina mercante propia. Sin embargo en la exposición presente no se han querido estimar estas pérdidas extraordinarias, sino solamente las representadas por el valor intrínseco.

Este es el caso, en particular, que se ofrece con los créditos de Alemania contra sus antiguos aliados de guerra (Pag. 12 No. 25). La cifra indicada (valor nominal) representa la pérdida sufrida por Alemania a consecuencia de la derrota de sus aliados y de la consiguiente cesión de los créditos. El valor objetivo de éstos no es posible averiguarlo: hoy debiera ser mayor que en la fecha del traspaso debido a la acumulación de los intereses y, sin embargo, es seguro que serán abonados por una suma muy inferior a la de su valor nominal. Aparte la imposibilidad de determinar actualmente la suma por la cual serán abonados, hemos inscrito en esta publicación el valor nominal de los créditos, porque este valor nominal es la única base posible para una tasación objetiva del valor real de la prestación que Alemania ha llevado a cabo por este concepto. Así proceden por otra parte los Aliados en cuanto afecta a las deudas interaliadas.

Otra circunstancia merece ser mencionada: La Comisión de Reparaciones, que tiene por misión hacerse cargo de las entregas y pagos realizados por Alemania a los diferentes paises de la Entente y llevar la contabilidad de las mismas ha dado sus cuentas a la publicidad. En modo alguno pueden concordar estas cuentas con una exposición como la presente. En efecto, la Comisión de Reparaciones puede tan sólo abonar en cuenta los pagos y entregas a título de „Reparaciones", es decir las prestaciones que según las estipulaciones del Tratado de Versalles deben ser afectadas a la deuda de reparaciones. De las prestaciones totales de Alemania, tan sólo una parte le son abonadas en cuenta pues son muchos los casos en que ello está terminantemente prohibido por especiales disposiciones del mencionado Tratado. A tenor de las mismas, determinados bienes, como por ejemplo los cables del Estado, deben ser entregados por Alemania a título gratuito. Pero no por la circunstancia de que la Comisión de Reparaciones nada abone a Alemania por los cables, dejan éstos de tener un valor que debiera ser incluído entre las prestaciones efectuadas. De este sólo hecho se desprende que la relación de las prestaciones efectivamente llevadas a cabo por Alemania ha de ir mucho más allá que las cuentas de la Comisión de Reparaciones.

Además al juzgar las cuentas de la Comisión de Reparaciones hay que tener presente también que de las prestaciones que según el Tratado de Versalles han de ser abonadas a Alemania en cuenta, falta en algunos casos la liquidación definitiva, como ocurre, por ejemplo, con las entregas de material móvil ferroviario prescritas por el artículo 371 del Tratado de Versalles. Por último, existen todavía discrepancias entre la Comisión de Reparaciones y el Gobierno alemán sobre la valoración de muchas de las entregas verificadas.

Sin querer de ninguna manera rebajar la importancia que en sí mismas tienen las cifras de las cuentas de la Comisión de Reparaciones puede, sin embargo, decirse que sólo representan una parte de las prestaciones alemanas, a saber, exclusivamente la parte afectada a las reparaciones. Pero el Tratado de Versalles no se ha limitado a exigir de Alemania pagos y entregas para redimir la deuda de reparaciones. Le ha impuesto, además, otras numerosas obligaciones, por ejemplo la indemnización de todos los particulares, súbditos de los Estados de la Entente que sufrieron perjuicios en Alemania por especiales medidas de guerra; el pago en oro de las deudas particulares alemanas; la destrucción de todas las instalaciones militares; la cesión de los cables del Estado, entre otras muchas. Todas estas prestaciones, que imponen a la economía alemana grandes sacrificios y representan efectivos gastos, no pueden figurar en las cuentas de la Comisión de Reparaciones. Pero no sería justo que por ello dejaran de figurar en la presente exposición, pues es evidente que en la relación total de las prestaciones de Alemania, han de figurar con el mismo derecho que los pagos en efectivo y las entregas en especie abonables en la cuenta de reparaciones.

Para dar, pues, una exposición totalmente objetiva de las prestaciones realizadas por Alemania debemos tomar en cuenta la totalidad de las mismas. Tan sólo una exposición completa puede dar idea clara de la buena volontad.

siempre puesta en duda por sus adversarios, con que Alemania trata de cumplir las obligaciones que le fueron impuestas, de los esfuerzos, que en esta empresa lleva realizados la economía alemana y del estado de agotamiento económico a que, como consecuencia inevitable de los mismos, ha llegado Alemania.

II. Relación detallada de los pagos y entregas.*)

A. Pagos y entregas a título de reparaciones.

Prestaciones realizadas por Alemania que, según el Tratado de Versalles, han debido ser abonadas en la cuenta de Reparaciones.

a) Pagos en efectivo.

1.	Divisas pagadas en agosto de 1921, según el Plan de Pagos de Londres		ℳ 1 001 613 715
2.	Divisas pagadas desde enero hasta julio de 1922, según los acuerdos de la Conferencia de Cannes (13 de enero de 1922) y la moratoria de 21 de marzo de 1922		368 036 002
3.	Obligaciones del Tesoro a favor de Belgica, redimidas en divisas conforme a la Nota de la Comisión de Reparaciones de 31 de agosto de 1922		254 030 719
4.	Marcos papel pagados al Comité de Garantias del 15. octubre y al 31. diciembre de 1921 (ingresos de aduanas y derechos de exportacion) convertidos después en divisas		76 036 771
5.	Derechos de aduana percibidos en el Rin, según sanciones especiales, de marzo a septiembre de 1921, que ascienden a 1 379 000 000 marcos papel calculados en oro al cambio de la fecha del cobro		75 999 936
6.	Partidas diversas abonadas a la cuenta en efectivo por:		
	a) Gastos a cargo de Alemania de las oficinas creadas por la Entente para la recepción de las entregas en especies	ℳ 3 230 660	
	b) Pagos para el fondo de reserva de la Comisión de Reparaciones	526 211	
	c) Saldo a favor de Alemania por liquidación postal con Francia y Bélgica	476 717	
	d) Diversos	65 725	4 299 313
	Total de los pagos en efectivo (1—6)		1 780 016 456

*) El valor de las diversas partidas está indicado en marcos oro. Las cuentas están cerradas en 31 de diciembre de 1922.

b) Entregas en especies.

7. Carbón y coke. Hasta el 31 de diciembre de 1922 Alemania ha entregado en números redondos, la cantidad de 54 millones de toneladas de carbón y coke (en el cálculo de conjunto 1 tonelada de coke = $1^1/_3$ toneladas de carbón). El precio mundial (precio f o b en Inglaterra) de este carbón es de . . . . 2 424 400 000 *M*

La Comisión de Reparaciones ha abonado tan sólo el precio del carbón en el mercado alemán, precio sensiblemente inferior. Pero la pérdida que para la economía alemana representan estas entregas de carbón es equivalente, en realidad, al valor de las mismas en el mercado mundial. Además, Alemania se ha visto obligada a pagar al precio del mercado mundial el carbón que, para hacer frente a la escasez de combustible, ha debido importar del extranjero.

8. Subproductos del carbón (benzol, alquitrán, amoniaco). Entregados a Francia, Bélgica e Italia (precio mundial) . . . . 43 000 000 *M*

También por estos productos no se abona a Alemania sino el precio del mercado alemán que es menor.

9. Materias colorantes y produtos farmacéuticos de todas clases. El precio mundial de estas entregas de los más diversos y valiosos productos de la industria química alemana, está estimado por peritos en . . . . 200 000 000 *M*

De esta cantidad no se abonará a Alemania sinó una pequeña parte, porqué así lo estipulan especiales disposiciones del Tratado de Versalles.

10. Ganado de todas clases y aves de corral. Han sido entregados: 101 310 cabezas de ganado caballar; 175 056 cabezas de ganado vacuno; 221 589 cabezas de ganado lanar; 21 441 cabezas de ganado cabrío; 245 700 aves de corral.

El ganado entregado ha sido siempre de la mejor calidad y, en gran cantidad, ha tenido que ser comprado en el extranjero, porque, especialmente en vacas lecheras, no posee el país ganado de primera calidad en cantidad suficiente.

Equitativamente tasado, el valor de ese ganado asciende a 274 194 000 *M*

Pero la Comisión de Reparaciones sólo piensa abonar a Alemania el precio reducido al cual los gobiernos de Francia y Bélgica entregan ese ganado a sus nacionales.

11. Maquinaria agrícola de todas clases . . 31 040 000 *M*

12. Entregas de materiales para la reconstrucción. Esta partida comprende los innumerables artículos y mercancías exigidos por los diferentes paises de la Entente para fines de reconstrucción de los territorios devastados y para ampliación y reconstrucción de su industria. Imposible es enumerar detalladamente los diferentes objetos, pues la lista abarca desde papel de imprenta y bombillas eléctricas, todos los ramos de producción industrial, hasta completos talleres de laminar y fábricas. En lugar preferente hay que mencionar las entregas de madera.

a) En su mayor parte se hicieron las entregas por el Gobierno alemán a los Estados acreedores. El valor de estos artículos asciende a 283 300 000 *M*

b) Además los nacionales de los paises de la Entente han podido, según los convenios Kuntze-Bemelmans y Ruppel-Gillet, comprar a los productores alemanes directamente. Estas entregas, hechas según el llamado tráfico libre, ascienden a . . . . 7 386 794 *M*

13. Entregas de libros y manuscritos a la Biblioteca de la Universidad de Lovaina así como de valiosos cuadros a Bélgica . . . . 13 758 585 *M*

14. Buques.

a) Buques para el tráfico marítimo. Alemania no sólo ha entregado todos los grandes buques mercantes de que disponía al terminar la guerra, sinó que ha tenido que llevar a cabo, por cuenta de los paises de la Entente, un gran numero de nuevas construcciones. Además ha tenido que renunciar a la propiedad de los buques alemanes retenidos en los paises de la Entente (buques embargados), de conformidad con el Tratado de Versalles. Por último, para cumplir con las sanciones ordenadas en la nota sobre los incidentes de Scapa-Flow han sido entregadas grandes cantidades de material para puertos y diques. Estas entregas ascienden a:

1. Buques de tráfico marítimo entregados, incluyendo los de nueva construcción: 625 unidades con 2 595 752 toneladas de registro bruto, y un valor de	3 326 479 353 *M*
2. Buques embargados entregados a los países de la Entente: 191 barcos con 817 763 toneladas de registro bruto y un valor de	1 245 250 000 *M*
3. Diques flotantes, dragas, grúas, remolcadores: 220 000 toneladas, aproximadamente, y un valor de	72 474 000 *M*
Total . . .	4 644 203 353 *M*

Alemania pide que el valor de esas entregas sea abonado en la cuenta de reparaciones. Pero con esto no queda agotada la lista de las pérdidas de buques mercantes que Alemania ha sufrido a causa del Tratadò de Versalles. Hay que tener en cuenta además que los Estados Unidos retienen en su poder 96 buques alemanes con un tonelaje de 589 085, registro bruto, y un valor de 1 250 700 000 marcos oro.

Para el justiprecio de los barcos entregados se ha tomado como base el valor de cada unidad en tiempo de paz, al cual se ha añadido (teniendo en cuenta el factor de la depreciación del oro) un suplemento correspondiente al incremento general del valor en la fecha del traspaso.

La Comisión de Reparaciones ha tasado el valor de estos barcos en una cantidad mucho menor a pesar de que en la cuenta presentada a Alemania por los buques hundidos durante la guerra las tasaciones eran muy superiores a las que ahora se quiere conceder a Alemania para buques de valor equivalente. Así por ejemplo en la cuenta de perjuicios de guerra establecida por Inglaterra, las 7 745 654 toneladas de registro bruto de buques perdidos figuran por un valor de 527 889 000 libras esterlinas, es decir, más de 10 500 millones de marcos oro.

b) Embarcaciones para el tráfico interior.

1. Embarcaciones abandonadas en las regiones que fueron ocupadas por Alemania . . . . 78 000 000 ℳ
2. Material para la instalación de puertos y embarcaciones entregado posteriormente por Alemania y tasado según los precios fijados por peritos especiales nombrados por la Comisión de Reparaciones . . . . 31 237 715 ℳ

Total . . . 109 237 715 ℳ

15. Material ferroviario.

a) Ya antes de la conclusión del Tratado de Versalles, Alemania efectuó entregas de material ferroviario con arreglo a las claúsulas del Armisticio. Las entregas procedentes de existencias alemanas se tasan por parte de Alemania en . . . . 1 122 535 908 ℳ

Sobre esta evaluación prosiguen todavía las negociaciones con la Comisión de Reparaciones cuya tasación provisional se eleva tan sólo a 829 050 marcos oro.

b) Además, según el artículo 371 del Tratado de Versalles, Alemania ha efectuado entregas de material ferroviario para el equipo de las líneas que se encuentran en los territorios cedidos por Alemania. Su valor asciende a . . . . 805 407 866 ℳ

De este material (80 538 vagones y 2955 locomotoras), la Comisión de Reparaciones ha abonado en cuenta solamente una parte insignificante (5663 vagones y 2387 locomotoras).

16. Camiones Automóviles. El valor de los 5000 camiones automóviles entregados, de acuerdo con las claúsulas del Armisticio, por Alemania asciende a . . . . 115 673 853 ℳ

La Comisión de Reparaciones tiene la intención de no abonar más que un valor muy inferior, alegando que estos camiones completamente equipados y en estado de prestar servicio no valen más de 3500 marcos cada uno.

17. Material de guerra alemán vendido por la Comisión de Reparaciones (ingresos procedentes de la venta de hierro viejo). Alemania ha inutilizado previamente todo el material de guerra que había de entregar conforme a las disposiciones del Tratado de Versalles. Este material inutilizado (en su mayor parte hierro viejo) ha sido entregado a la Comisión de Reparaciones y ésta lo ha revendido. Según tasación hecha por peritos el valor de este material asciende a . . 200 000 000 ℳ

Sólo el valor del material una vez inutilizado y no el valor del mismo antes de su inutilización ha de ser abonado en cuenta a Alemania por la Comisión de Reparaciones.

18. Impuesto inglés de Reparaciones. Conforme a las „Reparation Recovery Acts“ del mes de abril de 1921, todo consignatario inglés que recibe mercancías alemanas tiene que pagar el 26 p. c. del precio de compra al Estado inglés. Los exportadores alemanes reciben de su gobierno una indemnización equivalente. Esto significa que el 26 p. c. de las mercancías exportadas hacia Inglaterra son suministradas gratuitamente por Alemania a título de reparaciones. El valor de las mercancías entregadas en esta forma asciende a . . . . 163 160 182 ℳ

19. **Objetos y Material de caracter no militar abandonados por los Alemanes en el Frente occidental.** Tan sólo se mencionan los bienes muebles. A causa de la gran diversidad de partidas es imposible hacer de ellas una relación detallada. Baste recordar el importante material ferroviario y de transportes en general. Su valor, según los precios del mismo en la época de la entrega, asciende a 1 891 150 387 ℳ

La Comisión de Reparaciones quiere limitarse a abonar en cuenta el precio que ella ha obtenido al vender este material abandonado. De este modo tiene Alemania que correr con la responsabilidad de las pérdidas ocasionadas por robo, mala administración, etc., que hayan podido ocurrir después de retirarse las ejércitos alemanes.

20. **Cables Particulares.**

Los Cables Particulares cedidos han de ser tasados, por lo menos, en . . . . 77 800 000 ℳ
Las negociaciones con la Comisión de Reparaciones para la determinación de la suma que ha de ser abonada por este concepto prosiguen todavía.

21. **Títulos y Valores.** En este capítulo figuran diversas partidas:

a) Acciones del Banco de Marruecos cedidas, por valor de	642 671 ℳ
b) Derechos y participaciones de los súbditos alemanes en empresas o concesiones en Rusia, China, Austria, Hungría, Bulgaria, Turquía y Colonias de estos paises, cedidos a tenor del Artículo 260 del Tratado de Versalles. El valor nominal de los títulos cedidos asciende a *)	392 000 000 ℳ
Total . . .	392 642 671 ℳ

22. **Minas de la cuenca del Sarre.** Los yacimientos explotados han sido tasados sobre la base del beneficio que rendían antes de la guerra. Los no explotados han sido estimados tan solo en unos pocos „pfennigs“ por tonelada. De este cálculo resultan (valor en el mes de julio de 1914) las cifras siguientes:

por las minas en explotación (en cifras redondas) . .	442 000 000 ℳ
por los yacimientos de hulla no explotados	574 000 000 ℳ
Total . . .	1 016 000 000 ℳ

En este cálculo no está incluída el alza general de los precios en el mercado mundial, a consecuencia de la disminución de la capacidad adquisitiva del oro.

Es preciso además añadir a esta suma los créditos a favor de la Administración Alemana de Minas que ésta ha tenido que ceder a favor de la Administración Francesa. Estos créditos ascienden a 1 126 890 marcos oro y el valor total de las minas de la cuenca del Sarre se eleva, por consiguiente a . . . . 1 017 126 890 ℳ

*) Esta cifra ha de considerarse como provisoria. Por haber surgido diferencias de apreciación con la Comisión de Reparaciones, el caso ha sido sometido a un árbitro encargado de estatuir definitivamente.

23. **Bienes cedidos, propiedad del Estado Federal y de los Estados Federados.**

a) En los territorios cedidos a Dinamarca, Polonia, Lituania (Distrito de Memel), Checoeslovaquia y el Estado Libre de Dantzig eran numerosas las propiedades de los Estados alemán y prusiano. Por su especial importancia cabe mencionar los numerosos terrenos y edificios pertenecientes al Ejército y a la Armada (cuarteles, aerodromos, etc.), la totalidad de las instalaciones y edificios de las Administraciones de Correos y Ferrocariles, Justicia, Prisiones y las múltiples propiedades de Gobernación y de Hacienda, así como las Iglesias y Escuelas.

El valor de estas propiedades, moderadamente estimado, asciende a . . . . 4 960 915 293 ℳ

Su valor real es considerablemente superior porque al hacer el cálculo, no ha sido tenida en cuenta el alza general de todos los precios en el mercado mundial. La Comisión de Reparaciones, además, no ha terminado aún sus cálculos a este respecto; faltan, por ejemplo, los territorios de Memel y de Alta Silesia. Por lo tanto, las cifras hasta ahora publicadas por la Comisión no pueden ser consideradas como definitivas.

b) Valor de los puentes sobre el Rin, cedidos por Alemania a Francia . . . . 9 610 690 ℳ

c) Valor de las propiedades del Estado Federal en el extranjero (Schameen, Shanghai, Kiautschau) con . . . . 61 580 049 ℳ

Total . . . 5 032 106 032 ℳ

24. **Participación de los territorios cedidos en la Deuda del Gobierno Federal y de los Estados Federados.** Según el Derecho Internacional todo Estado al hacerse cargo de un territorio cedido por otro, ha de hacerse cargo asimismo de una parte de la Deuda Publica correspondiente a la importancia del territorio cedido. Este principio es también aplicable a los Estados que según el Tratado de Versalles han entrado en posesión de territorios pertenecientes a Alemania. Tan sólo Francia ha quedado expresamente excluída del cumplimiento de esta obligación.

El Tratado de Versalles estipula que los derechos así adquiridos contra los Estados a favor de los cuales se operan las cesiones no puede Alemania hacerlos efectivos directamente. Los pagos han de hacerse a la Comisión de Reparaciones y esta hará a Alemania los abonos en cuenta correspondientes.

Las fracciones de Deuda correspondientes a Bélgica, Dinamarca, Dantzig, Polonia, Lituania y Checoeslovaquia ascienden en conjunto a 644 414 415 ℳ

Una parte de esta suma (483 011 500 ℳ) ha sido confirmada ya por la Comisión de Reparaciones. El resto corresponde a las Deudas de Alta Silesia, Esleswig y la región de Memel, no determinadas todavia. La Deuda de Alsacia-Lorena no debe ser abonada a Alemania.

25. Créditos de Alemania contra sus antiguos aliados de guerra, cedidos a la Entente. Conforme al artículo 261 del Tratado de Versalles, Alemania ha cedido a las Potencias Aliadas y Asociadas los créditos contra sus antiguos aliados.

Estos créditos ascienden en tolal a 9 146 000 000 ℳ suma de la cual hay que deducir a su vez los créditos que los aliados de Alemania tenían en contra de ésta y que ascienden en el caso de Austria-Hungría a 546 000 000 ℳ; en los casos de Bulgaria y Turquía las cifras no están todavía fijadas.

Reservando lo que quepa deducir por este concepto el valor de los créditos que han de ser abonados a Alemania asciende a . . . . . 8 600 000 000 ℳ

Según el Derecho Internacional los nuevos Estados surgidos en el territorio de los antiguos aliados de Alemania son asimismo responsables por este concepto. Estos créditos de Alemania constituyen un caso análogo al de las „Deudas Interaliadas".

26. Propiedades particulares alemanas en el Extranjero sometidas a liquidación. En la totalidad de los territorios de los Estados de la „Entente", las propiedades particulares alemanas quedan — conforme al Tratado de Versalles — sometidas a liquidación aún después de firmada la paz. Calculándolo moderadamente, el valor de estas numerosas propiedades asciende aproximadamente a . . . . 11 740 000 000 ℳ

En esta suma, no están incluídas las propiedades alemanas en los Estados Unidos de Norte América, Rusia, Brasil y Cuba porque todavía no se sabe en definitiva cual ha de ser la suerte que corran.

(Como término de comparación cabe mencionar que sólo por los bienes particulares perdidos durante la guerra en Turquía, Francia ha exigido de Alemania una indemnización de Francos 1 125 000 000.)

El producto de las liquidaciones ha de ser aplicado en primer término a satisfacer las reclamaciones de los súbditos aliados por perjuicios sufridos en Alemania durante la guerra y hacer efectivos los saldos contrarios a Alemania que resultan del „procedimiento de compensación" establecido por el Tratado. En la cuenta de Reparaciones se abonará tan sólo el saldo restante. A cuanto ascenderá este saldo es imposible de determinar actualmente. Su importe, además, tiene tan sólo importancia para la Comisión de Reparaciones. Para Alemania la liquidación equivale a la pérdida definitiva de estos bienes, independientemente de que su producto sea aplicado a indemnizar a los súbditos aliados de los perjuicios sufridos en Alemania o entregado a la Comisión de Reparaciones.

Las propiedades de los súbditos enemigos en Alemania fueron asimismo sometidas en su día a liquidación, pero el artículo 297e del Tratado de Versalles obliga a Alemania a indemnizar íntegramente los perjuicios por dicho concepto sufridos. A tenor de esta obligación, los Estados Aliados, aparte las reparaciones propiamente dichas, se ven indemnizados por los perjuicios que las liquidaciones les ocasionaron en su día, mientras que Alemania no posee derecho alguno a ser indemnizada, ni tan sólo el derecho (véase el artículo 297 del Tratado de Versalles) a protestar contra la notoria disipación que de los bienes alemanes se lleva a cabo.

Total de las prestaciones en especies (7—26). . . . 39 832 538 651 ℳ

La totalidad de las prestaciones llevadas a cabo a título de Reparaciones asciencen, por consiguiente, a

I. Pagos en efectivo	1 780 016 456 ℳ
II. Entregas en especies	39 832 538 651 ℳ
Total . . .	41 612 555 107 ℳ

B. Prestaciones no abonables en la Cuenta de Reparaciones.

De conformidad, a veces, con ciertas disposiciones del Tratado de Versalles y otras veces interpretando arbitrariamente el Tratado, la Comisión de Reparaciones no abona en cuenta a Alemania una serie de prestaciones en extremo gravosas, aunque ellas constituyen para Alemania una carga tan pesada como las propias reparaciones:

27. Cables del Estado cedidos . . . . 1 609 744 000 ℳ

28. Propiedades del Estado Federal y del Estado Prusiano en Eupen y Malmédy . . . . 150 000 000 ℳ

Por disposición especial del Tratado de Versalles no se concede a Alemania el abono de estos bienes.

29. Restituciones y Sustituciones. En este capítulo está comprendida la restitución de los objetos secuestrados en los territorios ocupados por Alemania durante la guerra y la sustitución de determinados objetos por otros semejantes de procedencia alemana. El valor de estas prestaciones asciende a . . . . 446 250 000 ℳ

y comprenden máquinas, herramientas, ganado, buques y vehículos, a saber: aproximadamente 1000 coches de ferrocarril para pasajeros, 39 000 vagones, 118 000 cabezas de ganado, 300 000 toneladas de maquinaria.

30. Gastos interiores de la Ocupación. Los gastos de los ejércitos de ocupación ascienden. poco más o menos, a 4 500 000 000 marcos oro La mayor parte de esta suma (gastos externos de la ocupación) la recuperan las Potencies Ocupantes de la Comisión de Reparaciones, la cual satisface las cuentas que por este concepto se le presentan con el producto de las prestaciones llevadas a cabo por Alemania (véase el capítulo A). Otra parte de los gastos (los llamados gastos interiores de ocupación) son pagados a las potencias ocupantes directamente. En ella figuran los llamados „anticipos en marcos“ y ciertas prestaciones (cuarteles, alojamientos, aerodromos etc) realizadas asimismo directamente por el Gobierno alemán. Estos gastos ascienden a . . . . 895 000 000 ℳ

31. Gastos de las Comisiones Interaliadas. Los gastos que Alemania ha de sufragar por este concepto según el Tratado de Versalles ascienden a . . . . 94 000 000 ℳ

32. Buques de Guerra entregados. El valor de los buques de guerra entregados según los artículos 184, 185 y 188 del Tratado de Versalles (sin los buques internados en Scapa Flow) incluso las instalaciones marítimas cedidas al Japón en Tsingtau ascienden a . . . . 1 417 000 000 ℳ

33. M a t e r i a l n o m i l i t a r a b a n d o n a d o e n e l F r e n t e O r i e n t a l. Los peritos tasan el material abandonado en Polonia, Rumanía y Yugoeslavia en . . . . 1 050 000 000 *M*

34. D e s a r m e m i l i t a r e i n d u s t r i a l.

a) D e s a r m e m i l i t a r. En cumplimiento del Tratado de Paz, la totalidad del material de guerra, marina y aviación, excepto el necesario para el equipo del ejército de 100 000 hombres y de los contados buques de guerra que se permite mantener a Alemania, había de ser entregado a los Aliados. Las instalaciones y maquinaria destinadas a la producción de armas y material de guerra habían de ser inutilizadas. De propiedad del Estado solamente, han sido destruídos a este fin más de 600 edificios y más de 20 000 máquinas. El arrasamiento de las fortalezas ha sido ya en gran parte llevado a cabo. Las instalaciones del puerto de Heligoland se hallan completamente destruídas. El valor del material destruído y de la mano de obra necesaria para la destrucción, deducido el importe del hierro viejo que es abonado a Alemania en la cuenta de Reparaciones (véase el No. 17), asciende en cifras redondas a . . . . 6 250 000 000 *M*

b) D e s a r m e I n d u s t r i a l. Además del desarme militar, las Comisiones de Control Interaliadas han exigido de Alemania la destrucción de casi toda la maquinaria e instalaciones que habían servido para la fabricación de material de guerra. Así, han debido ser destruidas muchas máquinas de uso corriente que habrían podido ser utilizadas en los trabajos de paz. Es imposible determinar exactamente el valor total de las instalaciones de esta índole destruídas. La tasación de los peritos asciende a . 2 700 000 000 *M*

35. P a g o s p o r „C o m p e n s a c i ó n". En virtud del artículo 296 del Tratado de Versalles, Alemania está obligada a pagar en oro las deudas de los particulares alemanes a los súbditos de las antiguas potencias enemigas de Alemania. Los pagos en efectivo que Alemania ha debido efectuar por este concepto ascienden a . . . . 615 000 000 *M*

36. D i v e r s o s.

a) Restitución de los gastos hecho por varios Ayuntamientos de Alsacia-Lorena durante la guerra por cuenta del Estado alemán. Alemania debe seguir pagando además las pensiones civiles y militares a los habitantes de Alsacia y Lorena que son ahora ciudadanos franceses.

b) Gastos inútiles ocasionados por la ejecución del Tratado en el interior de Alemania (gastos de los plebiscitos, demarcación de fronteras, mantenimiento de refugiados, etc.).

c) El 25 por ciento de la exportación alemana desde el 15 de octubre al 31 de diciembre de 1921, pagado al „comité de Garantias".

En conjunto . . . . . . 685 895 000 *M*

Total de las prestaciones no abonables (27—36) . . . . 14 304 754 744 *M*

En la presente relación se mencionan solamente las prestaciones directas de Alemania. Para nada han sido tenidos en ella en cuenta los perjuicios ocasionados indirectamente a la vida económica de Alemania por el Tratado de Versalles. Tampoco ha sido tenido en cuenta el valor económico de los territorios cedidos, aunque este valor, dada la importancia de estos territorios, sea muy grande. (Los territorios cedidos en Europa son más extensos que Bélgica, los Paises Bajos y el Luxemburgo juntos; las colonias tienen una superfície $5^1/_2$ veces mayor que la de Alemania.) Pero aunque no hayan sido tenidos en cuenta estos factores, la relación muestra claramente que el Tratado de Versalles representa para la economía alemana una carga superior a sus fuerzas.

Varias veces ha propuesto Alemania que una Comisión Internacional de peritos haga una estimación imparcial de las prestaciones ya realizadas. Hoy todavía sigue estando dispuesta a ello Alemania, convencida de que una comisión semejante habría de confirmar las estimaciones que hemos indicado, fundadas todas ellas en cálculos escrupulosamente comprobados.

Resumen de las prestacionas alemanas.

	A. Reparaciones.	Marcos oro
1—6.	Pagos en efectivo	1 780 016 456
7.	Carbón y Coke	2 424 400 000
8.	Subproductos de la Hulla	43 000 000
9.	Colorantes y Productos Farmacéuticos	200 000 000
10.	Ganado	274 194 000
11.	Maquinaria agrícola	31 040 000
12.	Materiales para la Reconstrucción	290 686 794
13.	Reconstrucción de la Universidad de Lovaina	14 758 585
14.	Buques	4 753 441 068
15.	Material ferroviario	1 927 943 774
16.	Camiones Automóviles	115 673 853
17.	Material de Guerra (hierro viejo)	200 000 000
18.	Impuesto inglés de Reparaciones	163 160 182
19.	Material no militar abandonado por Alemania en el Frente Occidental	1 891 150 387
20.	Cables Particulares	77 800 000
21.	Títulos y Valores	392 642 671
22.	Minas de la Cuenca del Sarre	1 017 126 890
23.	Propiedades cedidas por el Gobierno Federal y los Estados Federados alemanes	5 032 106 032
24.	Participación de los territorios cedidos en la Deuda del Estado Federal y de los Estados Alemanes	644 414 415
25.	Créditos de Alemania contra sus Aliados cedidos a los paises de la Entente	8 600 000 000
26.	Propiedades particulares alemanas en el Extranjero sometidas a liquidación	11 740 000 000
		41 612 555 107

B. Prestaciones no abonables, según el Tratado, en la cuenta de Reparaciones.

27.	Cables del Estado	1 609 744 000
28.	Propiedades de la Estados Federal y Prusiano en Eupen y Malmédy	150 000 000
29.	Restituciones y Substituciones	446 250 000
30.	Coste de la Ocupación	895 000 000
31.	Gastos de las Comisiones Interaliadas	94 000 000
32.	Buques de Guerra entregados	1 417 000 000
33.	Material no militar abandonado en el Frente Oriental . .	1 050 000 000
34.	Desarme Militar e Industrial	8 950 000 000
35.	Pagos a la cuenta de compensaciones	615 000 000
36.	Diversos	685 895 000
		14 304 754 744
	Total. . .	**55 917 309 851**

Druck von Otto Walter, Berlin S. 14.

FSC
www.fsc.org
MIX
Papier | Fördert gute Waldnutzung
FSC® C083411

Kolibri 360 GmbH
Ferdinand-Jühlke-Straße 7
99095 Erfurt, Deutschland
produktsicherheit@kolibri360.de